Les Ententes entre Producteurs

ÉTUDE JURIDIQUE
CONSIDÉRATIONS ECONOMIQUES

PAR

ROBERT BOISSEL

AVOCAT A LA COUR D'APPEL DE PARIS

PARIS
A. PEDONE, ÉDITEUR
LIBRAIRE DE LA COUR D'APPEL ET DE L'ORDRE DES AVOCATS
13, RUE SOUFFLOT, 13

1909

Les ententes entre producteurs

ÉTUDE JURIDIQUE. — CONSIDÉRATIONS ÉCONOMIQUES.

« L'association, selon Platon, fait de l'impuissance de chacun la puissance de tous ». Cette pensée du grand philosophe grec, qui a présidé à la formation même de la société et des nations, trouve, après tant de siècles, dans notre civilisation actuelle, un champ d'applications encore plus vaste. La cité moderne embrasse en effet beaucoup de groupements nouveaux que ne connaissaient pas les anciennes communautés : les corps de fonctionnaires ; l'armée, du moment que l'esprit de corps s'y fait sentir ; les associations intellectuelles, corps savants, académies ; les corporations ou syndicats professionnels ; les communautés d'intérêts matériels dans les cercles distincts de la grande ou de la petite propriété foncière, des métiers, du commerce en gros ou en détail, du capital ou du travail industriel. Et, si irrésistible fut en France la poussée dans ce sens en matière économique et commerciale, qu'en dépit des lois les plus prohibitives, les associations professionnelles sont parvenues, dans le cours du siècle dernier, à obtenir droit de cité, et à se développer de jour en jour davantage. Mais si la classe ouvrière sentit la première la nécessité de s'unir pour la défense de ses intérêts, les producteurs et les patrons comprirent dans la suite toute l'importance qu'il y avait à s'entendre pour parer aux difficultés de plus en plus impérieuses résultant des complications et des transformations de la vie économique.

Suivant le caractère propre de chaque race, répondant aux besoins les plus pressants de chacun, et s'adaptant enfin à la législation particulière de chaque État, les ententes entre producteurs eurent, suivant les pays, des manifestations différentes.

Aux États-Unis (1), pays des luttes outrancières, d'énergies indomptables et d'ambitions démesurées, la forme adoptée fut le « Trust », c'est-à-dire la monopolisation de fait de toute une industrie privée ; mais, en dépit de toutes les qualités de la race, cette machine de guerre n'aurait pu arriver à s'implanter, si elle n'avait été soutenue, d'une part, par les pouvoirs publics et des tarifs de douane prohibitifs, d'autre part, par la complicité des chemins de fer.

(1) Voir *Les industries monopolisées aux États-Unis* par Paul de Rousiers.

L'Allemand, n'ayant pas les mêmes ambitions et ne pouvant compter sur les mêmes concours, se créa un instrument plus conforme à ses besoins et à son caractère, et le « Kartell » prit jour. La révélation des intérêts communs à plusieurs producteurs devait forcément aboutir à la formation d'un syndicat fortement charpenté, assurant la défense de ces intérêts en retour d'une obéissance exacte ; l'observation rigoureuse de la discipline allemande fit le succès du « Comptoir de vente » qui, malgré certains abus, a cependant aidé utilement l'empire dans la crise industrielle qu'il vient de traverser (1).

En France, ce n'est que dans des cas tout à fait anormaux, que nous rencontrons l'existence de monopoles, soit quand le jeu de la concurrence est très faussé, comme pour les sucres, soit encore quand la jouissance exclusive d'un procédé nouveau constitue un avantage absolument prépondérant, comme dans les industries chimiques. Mais ce ne sont là que des exceptions dont nous n'aurons pas à nous occuper dans le cours de cette étude. Dans l'immense majorité des cas, nous sommes, avec l'Angleterre, le pays de grande industrie le plus à l'abri de ce mal (2). Pendant fort longtemps, nos producteurs ont eu à lutter avec une législation et une jurisprudence tout à fait hostiles aux ententes comme du reste à l'esprit d'association en général (3). Certaines lois sont venues à leur secours et les tribunaux ont, depuis une vingtaine d'années, marqué à leur égard une évolution favorable. Tels sont les points sur lesquels porteront tout d'abord notre étude. Nous examinerons ainsi quel est le sort réservé présentement aux ententes entre producteurs et à quelles conditions elles peuvent vivre en bonne harmonie avec notre législation et notre jurisprudence. Nous constaterons alors, qu'une fois reconnues licites par nos tribunaux, ces associations peuvent être assurées de la protection de nos magistrats qu'elles seront même peut être appelées dans certains cas à seconder utilement. Les industriels et les produc-

---

(1) Voici du reste ce qu'en pense M Jullemier, notre ancien consul général à Stuttgard : « Quels que soient les griefs que l'on invoque contre les « Kartells » à « un point de vue économique général et supérieur, comme à un point de vue « moral, on peut soutenir qu'ils aident l'Allemagne à traverser la crise actuelle, « et qu'ils contribuent à maintenir son crédit et sa réputation sur les marchés « extérieurs. — Ce n'est pas là un service à méconnaître. »

(2) Voir *Les syndicats industriels de producteurs en France et à l'étranger* par Paul de Rousiers.

(3) La loi du 21 mars 1884 sur les syndicats professionnels reconnaît bien la légitimité des syndicats patronaux, mais visiblement conçue en vue des associations ouvrières, elle est parfaitement insuffisante à nous éclairer dans nombre de questions délicates concernant la matière qui nous occupe. Il faut donc en pareils cas se reporter aux principes généraux de notre droit.

teurs français peuvent donc, sous les auspices d'une jurisprudence bienveillante, s'engager très franchement dans la voie des ententes et des accords raisonnables : beaucoup l'ont déjà fait d'ailleurs, et nous verrons que, si des entraves et des hésitations subsistent encore, il faut beaucoup moins en accuser la rigueur de nos tribunaux que l'état relativement peu développé de notre éducation et de notre organisation professionnelles.

*
* *

Nous venons d'indiquer ici l'idée générale qui explique les ententes entre producteurs et leur extension toujours croissante dans les grandes nations industrielles; mais il ne faut pas cependant que leur puissance devienne une menace constante pour la liberté des individus et se tourne même en danger contre l'ordre social. C'est ce qui explique que chaque pays a, dans sa législation, une série de dispositions destinées à parer aux périls que pourraient faire courir à la sécurité publique les accaparements, les monopoles, les atteintes en un mot à la liberté du commerce et de l'industrie Aux États-Unis, nation la plus menacée à cet égard, les lois revêtent le caractère de mesures d'exception, adoptées dans des moments de crises, et, sous des dehors rébarbatifs, elles ne sont en réalité que des appareils inutiles et bien fragiles dont l'application rigoureuse ne parviendrait qu'à paralyser complètement l'industrie nationale.

En France, nous avons accommodé de vieux textes aux exigences créées par le développement de la vie économique. Avec une tendance de libéralisme très marquée, surtout dans ces derniers temps, la jurisprudence est parvenue, par des applications de fait aussi constantes que judicieuses, à se créer de toute pièce un instrument très souple et très précis, laissant toute liberté d'allure aux syndicats de défense, et permettant au contraire d'atteindre l'entente industrielle, de quelque nom qu'on la désigne et quelque forme extérieure qu'elle revête, dès le jour où, même sans changer de physionomie apparente, elle cesse d'être un syndicat de défense, pour dégénérer en un moyen d'accaparement et de monopolisation dangereux pour l'Etat, pour le consommateur et pour les salariés (1).

Parcourons donc brièvement les dispositions de notre législation pour en rapprocher, en la matière, l'œuvre de la jurisprudence :

La loi française peut atteindre les coalitions de producteurs de trois manières : 1° Sanction pénale (applicationdes articles 419 et 420 du code pénal) ; 2° Sanction civile (nullité des conventions, art. 1131

(1) Voir *Revue politique et parlementaire*, année 1902. Article de M. Pic, p. 299.

et 1133 du code civil, ou nullité du syndicat, art. 9 de la loi du 21 mars 1884) ; 3° Application de dommages-intérêts (art. 1382 du code civil).

En ce qui concerne la *sanction pénale*, reconnaissons tout d'abord que l'on rencontre bien rarement des décisions de nos tribunaux faisant application des articles 419 et 420. Ces articles, très attaqués du reste, subsistent plutôt à l'état d'épouvantail, très salutaire sans doute, mais dont la jurisprudence ne se sert que rarement dans la pratique. Partant de ce principe que la loi pénale est d'interprétation restrictive (*strictissimæ interpretationis*), les juridictions répressives recherchent uniquement si les conditions d'application de l'article 419, telles qu'elles se dégagent de ce texte littéralement interprété, sont effectivement remplies ; elles ne se préoccupent que par exception du but et du résultat économiques de l'entente litigieuse. Mais, derrière cette traduction de la lettre même du texte, il est possible de constater une tendance des tribunaux à apprécier davantage la réalité des choses. Si les magistrats étaient convaincus qu'ils se trouvent en présence d'une coalition mauvaise dans ses effets, illégitime au point de vue économique, il est probable qu'ils finiraient bien par découvrir quelque moyen de la faire rentrer dans les termes de l'article 419 ; les textes sont singulièrement souples dans les mains de ceux qui savent les manier. Par contre, il peut également se faire qu'une entente parfaitement légitime par son but et par ses effets, se présente néanmoins avec tous les caractères de la coalition prohibée, les juges, dans ce cas, hésiteraient-ils à préserver, par une interprétation éclairée, cette combinaison des rigueurs de notre texte ? — On ne saurait vraiment admettre, en effet, qu'en l'état de nos mœurs et de notre législation, l'article 419 soit fait pour des accords légitimes économiquement justifiés et reconnus du reste par la loi de 1884 (1).

Il ne nous reste, pour fixer l'état de la jurisprudence en la matière, qu'à reproduire ici l'arrêt de la cour de Paris rendu dans l'affaire des eaux minérales, le 2 février 1888 : « La coalition formée par les principaux détenteurs des eaux minérales pour empêcher la vente de ces eaux à certains négociants, ou imposer à ces derniers des prix déterminés, constitue le délit prévu et puni par l'article 419 du code pénal, si, d'ailleurs, les moyens frauduleux ont eu pour résultat d'élever les prix au-dessus du cours qu'aurait déterminé la concurrence naturelle et libre du commerce. La loi de 1884 n'a pas abrogé l'article 419 ».

---

(1) Voir, par exemple C. Nancy, 29 nov. 1902, *Revue des Mines*, 1902, p. 371. — Pour plus de détails à ce sujet, voir la note de M. Percerou sous cour de Paris, 14 janvier 1902 (D., 1903, 2, 297).

« Considérant, dit l'arrêt, que de ce qui précède il résulte que, par coalition des principaux détenteurs de certaines eaux minérales naturelles tendant à ne pas les vendre ou à ne les vendre qu'à un certain prix, les appelants ont opéré vis-à-vis de N..., la hausse des prix desdites eaux aux dépens de ceux qu'aurait déterminés la concurrence libre et naturelle du commerce ».

Tel est un des rares cas d'application de l'article 419 (1) :

*
* *

Le moyen le plus fécond et le plus communément employé par la jurisprudence pour la protection de la liberté du commerce et de l'industrie est la sanction civile, c'est-à-dire l'application des articles 1131 et 1133 du code civil (et de l'article 9 de la loi du 21 mars 1884, s'il s'agit d'un syndicat). Cette sanction aboutit à la nullité de la convention, à des dommages-intérêts s'il y a lieu (art. 1382 c. civ.), à une amende et à la dissolution du syndicat dans les cas d'application de l'article 9 de la loi de 1884.

Grâce à la généralité des termes mêmes des articles 1131 et 1133 du code civil a pu apparaître la théorie interprétative de la jurisprudence. Tout en essayant de préciser ici en quelques lignes les principes admis, il est nécessaire de faire remarquer que nous nous trouvons en matière « d'ordre public », matière essentiellement délicate, pouvant varier quelque peu suivant les théories en vogue, et laissée à l'appréciation souveraine des tribunaux qui statueront toujours sur des questions d'espèces, eu égard à tous les éléments en cause : il est donc assez difficile de tirer des principes universellement applicables.

Par une évolution qui, depuis près de vingt ans, se confirme tous les jours, la jurisprudence a senti la nécessité de protéger certaines ententes légitimes entre producteurs. Tout en tenant la main aux abus qui pouvaient se produire, elle a su en cela s'inspirer de l'esprit libéral qui a présidé à l'élaboration de la loi de 1884. Par là, elle a reconnu l'obligation dans laquelle se trouvaient certains producteurs de prendre des mesures restrictives de leur liberté individuelle dans l'intérêt général de leur industrie. Cela ressort de la façon la plus explicite de l'arrêt de la cour de Nancy du 29 novembre 1902 (Comptoir de Longwy), qui déclare « licite l'organisation d'un syndi-

(1) Dans la jurisprudence que nous citons maintenant, le délit pénal a été écarté (Voir en particulier: Cass., 26 janv. 1838 ; Cass., 11 févr. 1879, D., 79, 1, 345 ; C. Paris, 5 août et 18 décemb. 1890, *Ann. dr. com.*, 91, 1, 16 ; C. Paris, 14 avril 1891, *Pand.*, *franç.*, 92, 2, 51 ; trib. Seine, 15 déc. 1900, *Gaz. Trib.* 5 févr. 1901 et surtout C. Paris, 14 janv. 1902, D., 1903, 2, 297, etc.).

cat comprenant les principales sociétés industrielles d'une région dont le but principal est de régler les opérations particulières de ses associés d'après des vues d'ensemble et au mieux des intérêts généraux de la production de la grande industrie. »

La jurisprudence a admis également que, dans certains cas, il pouvait être utile de réglementer la concurrence parfois désastreuse qui sévissait à certains moments. Un arrêt de Besançon, 12 mars 1902, s'exprime en ces termes : « Est licite le consortium groupant les divers industriels d'une même région qui ont uni leurs efforts pour la défense des intérêts communs de leur industrie dans le but de lutter dans les meilleures conditions économiques possibles contre la concurrence tant française qu'étrangère » (Mines de sel de l'Est) (1).

Mais ces deux principes contiennent en eux-mêmes leurs limites, ils ne doivent pas être absolus et tout dépendra de la sagesse avec laquelle ils seront appliqués : sous prétexte de restreindre, il ne faudra pas supprimer la liberté du commerce (2), sous prétexte de réglementer il ne faudra pas étouffer la concurrence pour tomber dans le monopole et dans l'accaparement: « Il suffit, dit un arrêt de la cour de Bordeaux, pour prononcer la nullité que l'obligation des contractants ait une cause et un objet illicite, notamment que l'association ait eu pour seul but de prévenir et empêcher la création de fabriques concurrentes » (3).

Par ce qui précède il nous sera facile de comprendre la distinction faite par la jurisprudence entre les bons et les mauvais trusts ; elle reconnait et sanctionne les premiers et réprouve et condamne les seconds. En poursuivant quelque peu cette analyse, nous nous demanderons maintenant quelles sont les conditions que doivent remplir les ententes entre producteurs pour être protégées par nos tribunaux.

Qu'il s'agisse d'ententes entre industriels ou de syndicats proprement dits, nous avons vu que nos magistrats ne se sont départis des rigueurs d'antan que parce qu'ils ont senti la nécessité de protéger dans une certaine mesure les intérêts collectifs de l'industrie française, ils se sont inspirés en cela des principes libéraux de la loi de 84 ; pour avoir recours à cette protection il faudra donc qu'il y ait en jeu un intérêt général et professionnel. C'est là du reste le vrai motif qui peut raisonnablement expliquer les tendances nouvelles de notre jurisprudence. Tel est donc le point de départ en la matière, qui a été admis du reste par de nombreuses décisions : C. Douai, 13 juillet

---

(1) *Revue des Mines*, 1902, p. 367.

(2) Voir plus loin, note 4 de la page suivante.

(3) C. Bordeaux, 2 janv. 1900, D., 1901, 2, 150. Voir aussi trib. Seine, 29 juin 1888, *Rev. dr. com.*, 88, 2, 397.

1900, D., 1903, 2, 148 ; Riom, 7 févr. 1900, *Le Droit*, 20 avr. 1900 ; C. Grenoble, 6 mai 1902, D., 1903, 2, 31 ; Troyes, 29 nov. 1902, *Revue des Sociétés*, 1903, p. 232, etc.

Les ententes qui nous occupent devront avoir un caractère très net de « syndicats de défense » dont l'objet sera de prévenir les crises en régularisant la concurrence. Elles pourront ainsi avoir pour but : l'organisation rationnelle de la production (limitation de cette production (1) pour éviter un encombrement des marchés); le maintien normal des cours (fixation d'un prix minimum, qui ne devra cependant en aucun cas pouvoir être considérée comme une manœuvre de hausse ou de baisse fictive) (2); la répartition des commandes et la répartition des débouchés qui assureront l'écoulement régulier des produits de chaque usine (3). Et au contraire les coalitions qui auront le caractère de « syndicats d'action » visant au monopole, à l'accaparement, à la spéculation et à l'oppression du consommateur, seront impitoyablement réprouvées par nos tribunaux. V. g. C. de Paris, 5 août et 18 déc. 1890 (Affaire des métaux, précitée) (4).

La valeur des conventions restrictives de la liberté du commerce et de l'industrie apparait donc comme indiscutable dans bien des cas; mais il faudra pour cela que ces stipulations ne soient pas absolues soit quant au lieu, soit quant au temps, soit quant à l'objet. Ce principe posé par un arrêt de cassation du 16 mars 86 (P., 86, 1, 716) a reçu dans la suite un grand nombre d'applications que l'on pourra consulter dans Fuzier-Hermann (code civil, art. 1133; supplément Griffont, n° 21). Nous nous contenterons de citer : Cass., 1er août 1900, précité ; trib. Marseille, 5 juillet 1905, *Rec. Marseille*, 1905, 1, 335. Ces conditions s'expliquent du reste très aisément par des raisons économiques, les causes de ces conventions restrictives étant elles-mêmes essentiellement variables suivant le temps, suivant le lieu et suivant l'objet : les remèdes employés doivent donc pouvoir s'adapter au mal.

Nous ne saurions mieux faire, pour conclure les développements qui précèdent, que de citer ici un arrêt rendu par la cour de Grenoble le 1er mai 1894 : « On ne doit considérer ni comme illicite, ni

---

(1) Voir : C. Paris, 14 avr. 91, *Pand. fr.*, 92, 2, 51 ; trib. Seine, 10 nov. 90, *Pand. fr.*, 91, 2, 1 ; trib. Seine, 15 décemb. 1900, *Gaz. Trib.*, 5 fév. 1901.

(2) Voir : Cass., 1er août 1900, D., 1900, 1, 507 ; trib. Bordeaux, 14 décembre 1903, *Rec. Bordeaux*, 1907, 2, 30 ; trib. Seine, 29 juin 1888, précité.

(3) C. Nancy, 29 novembre 1902 ; C. Besançon, 12 mars 1902, précités ; C. de Paris, 14 avril 91, *Gaz. Pal.*, 91, 1, 631.

(4) Voir encore : *Gaz. Pal.*, 90, 2, 247 ; 90, 2, 716 ; 91, 1, 631; D., 79, 1, 345 ; C. Bordeaux, 2 janv. 1900, précité.

comme contraire à l'ordre public, le traité intervenu entre plusieurs fabricants à l'effet de mettre en commun certains produits par eux fabriqués, pour les vendre à égal prix, uniquement à la société dont ils font partie, au fur et à mesure de ses besoins, et dans la proportion de leurs apports et parts d'intérêts, alors que ces fabricants ne représentent dans la région que la minorité des producteurs desdits produits, qu'ils n'ont stipulé que pour un laps de temps déterminé, et en vue d'un rayon étroitement circonscrit ; que les prix de leurs tarifs, loin d'être fixés en chiffres invariables, sont restés soumis aux fluctuations du marché ; et qu'enfin ils ont pour but non de surélever par une hausse factice le cours de leurs produits, mais d'empêcher leur avilissement en atténuant les ardeurs et les effets de la concurrence locale (1) ». Tout dépendra donc en la matière de la sagesse qui aura présidé à l'élaboration des conventions restrictives et de la modération que l'on mettra à les appliquer.

*
* *

Dans les développements qui précèdent, nous venons de passer en revue les moyens de protection accordés par nos lois et notre jurisprudence à l'intérêt public, c'est-à-dire aux intérêts collectifs de la société et de l'industrie, qui ne doivent pas se trouver désarmées en présence des entreprises dangereuses. Mais toutes les fois où les droits privés de l'individu se trouvent injustement lésés, nos tribunaux ont également pour mission de les faire respecter et de provoquer, le cas échéant, l'équitable réparation du préjudice causé. Nous retombons ici dans l'application générale de l'article 1382 du code civil.

Pour qu'il y ait lieu à dommages-intérêts il faudra donc rencontrer tous les éléments requis par cet article: acte illicite, imputable à l'association, ayant causé un préjudice, rapport de cause à effet entre le préjudice et la faute. Nous renvoyons pour plus de détails à tous les développements donnés par la doctrine sur cette question (2), en nous contentant toutefois d'indiquer que l'acte illicite pourra résulter soit d'une infraction à la loi pénale et en particulier à l'article 419 du code pénal, soit d'une faute civile, notamment pour inobservation des articles 1131 et 1133 du code civil ou des articles 3 et 7 de la loi du 21 mars 1884.

Si, dans certains cas, il semble y avoir conflit entre l'intérêt général d'une part et l'intérêt particulier de certains individus, il faudra rechercher si le but de nuire à ces derniers est délibérément poursuivi par les accords en question et l'on s'inspirera ainsi des attendus de la cour de Riom rendus le 7 février 1900, dans une espèce qui

(1) D., 1895, 2, 221.
(2) Voir Dalloz, *Nouveau code civil*, art. 1382, t. III.

nous intéresse : « Considérant qu'il n'est point exact de prétendre que l'exercice d'un droit ne peut jamais donner lieu à des dommages-intérêts quand il cause un préjudice à autrui, de cet adage *Qui jure suo utitur neminem lœdit*; que l'exercice d'un droit peut devenir exclusif; qu'il faut distinguer l'exercice d'un droit de l'abus auquel il peut conduire ; que le droit qui appartient aux syndicats de se concerter n'est pas absolu, mais limité par le devoir de ne pas nuire à autrui ; qu'une publicité concertée pour enlever à une maison sa clientèle commerciale ne rentre pas dans l'exercice normal qu'ont les syndicats de défendre leurs intérêts..., etc. » (1).

Nous ne saurions mieux faire pour fixer les idées que nous venons d'indiquer que de citer les sommaires des deux cas d'application de dommages-intérêts que nous rencontrons dans la jurisprudence :

Cour de Riom, 7 février 1900 : « Si, depuis l'abrogation de l'article 416 du code pénal, l'atteinte portée à la liberté du travail par la proscription et l'interdiction ne constitue plus un délit passible de peines correctionnelles, elle peut constituer une faute entraînant la responsabilité civile, si cette faute a causé un préjudice ; et les syndicats à cet égard restent soumis aux règles du droit commun et notamment à l'article 1382 du code civil... (2) ».

Cour de Douai 13 juillet 1900 : « Les coalitions d'industriels et les syndicats, qui ont le droit de défendre leurs intérêts par des mesures générales, font de ce droit un usage illégitime, en prenant des dispositions applicables à telles personnes individuellement désignées, de façon à leur nuire et à les gêner dans le libre exercice de leur commerce... (3) ».

Nous n'ignorons pas que ce dernier arrêt a été très attaqué ; on lui reprocha en particulier d'avoir jugé plus en équité qu'en droit strict (opinion de M. H. Valleroux) (4). Un arrêt de la Chambre des requêtes du 20 novembre 1901 a même admis le pourvoi en cassation. Mais depuis cette date aucune solution n'est encore intervenue à l'heure où nous écrivons ces lignes ; jusqu'à nouvel ordre, telle parait donc être la tendance de la jurisprudence.

Remarquons en terminant que, dans la pratique, on rencontre fort peu d'exemples de l'application en la matière de l'article 1382 ; mais cette constatation, qui est du reste tout à l'honneur de la sagesse des producteurs français, n'empêche pas que l'on doive suivre, en pareille

---

(1) Voir, à ce sujet, *Revue de droit civil*, année 1906, p. 119.

(2) *Rev. Soc.*, 1900, p. 190.

(3) D , 1903, 2, 148.

(4) Voir Thèse Chaleix, *Syndicats de producteurs*, p. 100

espèce, les règles appliquées par nos tribunaux à l'égard des syndicats ouvriers (1).

*
* *

Arrivés au point où nous en sommes, nous pouvons donc nous persuader que l'intérêt public et les intérêts particuliers peuvent être considérés, à juste titre, comme suffisamment sauvegardés par notre jurisprudence. Mais cette dernière se contente-t-elle de ce rôle en quelque sorte négatif? Nous allons voir que non, car les tribunaux devaient aller fatalement plus avant dans cette voie. Une fois les dangers écartés, il ne reste plus dans les ententes entre producteurs que des éléments le plus souvent tout à fait dignes de protection. Nous avons établi que c'était en vertu d'une poussée en quelque sorte irrésistible que les producteurs français ont senti la nécessité de s'unir malgré les lois draconiennes qui pouvaient parfois les frapper: ces accords répondent donc à un besoin de première nécessité pour la plupart des industries nationales. Aussi la jurisprudence a-t-elle fini par comprendre qu'elle ne devait pas se borner à une reconnaissance purement platonique, et c'est cette dernière évolution qui nous reste à étudier.

Nombreuses sont les décisions où la validité de l'accord entre producteurs a été proclamée par nos tribunaux ; citons entre autres: C Besançon, 12 mars 1902; Cass., 1er août 1900; trib. Bordeaux, 14 décembre 1903, etc. Mais dans ces deux dernières décisions, nous constatons un pas de plus en avant: nos magistrats appliquent la clause pénale prévue dans les conventions :

Cassation, 1er août 1900: « Il suit de là que l'obligation contractée ainsi par les fabricants est licite, l'interdiction qui en résulte n'étant ni générale, ni absolue. Est également licite la clause pénale accessoirement stipulée pour assurer l'exécution de l'obligation... »

Mais si l'engagement est valable, et si les parties ont omis de stipuler une clause pénale en cas d'inexécution, les tribunaux n'hésitent pas non plus à reconnaître la possibilité de dommages-intérêts: voir à ce sujet: C. Grenoble, 6 mai 1902; trib. com. Troyes, 20 nov. 1902; trib. com. Amiens, 1er juillet 1902 (2).

D'autres décisions enfin analysent les conventions intervenues et en ordonnent l'exécution. L'affaire du comptoir des platriers nous en donne successivement 2 exemples: trib. com. Seine, 28 sept. 98; trib. com. Seine, 15 décembre 1900 (3) confirmé par C. de Paris, 23 juil. 1902. A titre d'indication nous citons ce passage des attendus du jugement

(1) Voir *Rev. dr. indust.*, Ann. 1908, p. 137 à 157 : *Responsabilité civile des Syndicats*, par R. Boissel.
(2) D., 1903, 2, 31 ; *Rev. Soc.*, 1903, p. 232; *Gaz. com. Lyon*, 4 juin 1903.
(3) Voir *Pand. fr.*, 1900, 2, 33; *Gaz. des trib.*, 5 févr. 1901.

du 28 septembre 98 : « Attendu que de ce qui précède il résulte que la « convention du 26 février 96 ne saurait être considérée comme illi- « cite, qu'elle est au contraire valable et qu'elle engage par suite les « parties ; — Par ces motifs, en ce qui concerne la demande de Ey.. : dit « que dans les 8 jours de la signification du présent jugement, à peine « de 50 francs par jour de retard, pendant un mois passé, lequel délai il « sera fait droit, B. et C° seront tenus de remettre à Ey... les décla- « rations des quantités de plâtre qu'ils ont vendues directement « depuis le 1er mai 97 ; les condamne à payer à Ey... la somme de « 3.009 francs 53 avec intérêts de droit et en tous les dépens » (28 sept. 98, P. F., 1900, 2, 33).

Mais l'affaire du comptoir de Longwy (1) solutionnée par le tribunal de Briey et la cour de Nancy, est certainement l'exemple le plus typique en la matière ; la convention renouvelée par les maîtres de forges le 1er août 1899, ainsi que la conduite du comptoir à l'occasion des marchés intercalaires se trouvèrent être mises en cause. Ces décisions se donnent la peine d'analyser en détail les principales clauses du contrat qui « tient à la fois de la vente et du contrat de commission » ; le but du comptoir s'y trouve exactement défini : « régler les opérations particulières de ses associés d'après les vues d'ensemble, et au mieux de l'intérêt général de la production de la grande industrie ». La cour précise encore que « c'est un contrat *sui generis* créé par la volonté des parties clairement exprimée dans les statuts qui forment leur loi. » Peut-on reconnaître de façon plus explicite la légitimité de l'accord et la nécessité pour les adhérents de l'exécuter ; ce n'est du reste ici qu'une application du droit général (art. 1134 c. civ.). Puis non content d'approuver la convention et d'en ordonner l'exécution, l'arrêt examine et approuve, après le tribunal de Briey, la conduite du comptoir : « La conduite du conseil trouve dans les considérations ci-dessus sa pleine et entière justification. » — « Considérant qu'en agissant comme il l'a fait, le comptoir a exactement rempli le but de son institution sans s'écarter en aucune façon des règles des statuts et sans sortir des limites que le pacte social a tracées à ses pouvoirs et à ses droits. »

Comme conclusion aux développements qui précèdent nous pouvons donc arriver à cette conviction, que, par une longue patience, la jurisprudence a su dégager de vieux textes l'autorité et les sanctions suffisantes pour frapper, d'une part, les coalitions de producteurs qui pourraient être néfastes, et pour encourager et protéger, d'autre part, celles qui se montrent dignes d'un pareil soutien.

---

(1) Pour plus amples détails sur ce procès, voir *De l'accaparement*, tome IV, p. 431, par Francis Laur.

*
* *

S'il était utile d'expliquer cette évolution jurisprudentielle, cette tâche nous serait facile. Il est bien entendu que, puisque la société se trouve suffisamment armée contre les abus, nous n'avons plus à nous occuper ici que des ententes licites entre producteurs. Or, ainsi comprises, celles-ci peuvent être un puissant auxiliaire dans l'œuvre de la jurisprudence. Nous le constaterons à un double point de vue : Ce mouvement d'organisation économique répond à la reconnaissance pour tous et pour chacun des droits de la vie humaine; il peut s'appliquer aux espèces les plus diverses ; et il est certains cas où la justice se trouve impuissante à déjouer toutes les ruses et à frapper utilement, l'initiative privée pourra alors avec fruit lui venir en aide, en réglant par des accords les points les plus particulièrement délicats (V. g. Questions de surproduction, de vente au dessous du prix de revient, de concurrence déloyale mal définie, etc.) Pour enrayer tous ces abus, l'organisation professionnelle est de rigueur, et nos tribunaux ayant ainsi leur attention particulièrement attirée sur tous ces détails, n'auront, pour faire œuvre utile, qu'à appliquer l'esprit et la lettre des conventions en question. — Mais nous ajouterons même que fréquemment les ententes entre producteurs pourront avantageusement suppléer à ce qu'un texte de loi pourrait avoir de trop rigide en la matière. Il faut se défier, en toutes choses, du remède universel, il peut être quelquefois pire que le mal : en frappant à tort dans certains cas et en paralysant alors au lieu de protéger, ou en laissant, au contraire, la porte ouverte à tous les abus. Ce sont les grands griefs portés contre l'article 419 du code pénal et contre toute législation répressive en la matière qui nous intéresse. Car il s'agit ici, moins que partout ailleurs, de formules évidentes a *priori*, mais de dispositions de droit positif, variables, quelque peu empiriques, appropriées, en un mot, aux circonstances et aux professions. Or, le système des ententes offre justement aux producteurs des procédés très simples, aussi multiples que variés et susceptibles de s'adapter ainsi exactement à toutes les nécessités particulières de l'industrie en question (1).

En France, en effet, nous ne rencontrons aucune commune mesure

---

(1) Nous proposons à titre d'exemple la formule donnée par M. Jules Doumergue dans la *Réforme économique*, année 1902 : « Le problème à résoudre est le suivant : créer des organisations, très variables suivant les espèces qui règlent la production et la vente, et qui, tout en maintenant leurs salaires aux ouvriers, fassent leurs justes parts aux producteurs, aux consommateurs et à l'intermédiaire, là seulement où il est nécessaire qu'il soit conservé. »

pour caractériser d'un mot les conventions qui peuvent se conclure entre industriels ; et cette remarque est, selon nous, tout à l'honneur de notre système national. Suivant les besoins de chacun, il est donc possible d'évoluer, avec toute la souplesse désirable, depuis le simple accord sur un point de détail particulier jusqu'au « trust limité » c'est-à-dire à l'aliénation totale de l'avoir et de l'autonomie de chacun des participants à la société nouvelle, aliénation limitée cependant à une région ou à un périmètre donné (1). Très nombreuses sont les combinaisons, si l'on préfère s'arrêter en cours de route ; nous ne voulons comme exemple que le comptoir de vente ou « Kartell » (2) ; tout ce qui intéresse la vente y est mis en commun, et il y a entente au sujet de la fixation des prix et du quantum de production. Le comptoir métallurgique de Longwy a, sous cette dernière forme, réalisé, aux dires-mêmes de ses adhérents, le maximum des progrès désirables (3). Il ne peut être question d'examiner ici tous les avantages économiques que peuvent trouver les producteurs dans le système des ententes, et on les résumerait d'ailleurs d'une façon fort imparfaite par ces mots : économie notable dans les frais généraux, fixité dans les prix, réglementation raisonnée de la concurrence, facilités des débouchés.., etc. (4).

* * *

Nous nous bornerons donc à terminer cette étude par quelques considérations économiques d'un intérêt plus général, en nous demandant pourquoi, vu ces nombreux avantages, les ententes entre producteurs sont presque toujours d'une formation aussi laborieuse ? (5) Certes la rigueur première de nos lois et certains préjugés encore trop répandus ont pu contribuer dans une certaine mesure à grossir les difficultés existantes. Mais nous en dégagerons mieux la raison en analysant ce que sont exactement ces accords : au point de vue juridique, ils représentent une transaction, par laquelle chaque contractant consent à certains sacrifices, en vue d'obtenir, par l'union,

---

(1) Voir au sujet des difficultés juridiques que l'on peut rencontrer dans la formation de " Société de sociétés " un discours de M. Cauwès, rapporté dans la *Réforme économique*, 1902, p. 238.

(2) L'industrie du plâtre est successivement passée par les trois phases.

(3) Nous n'en voulons comme preuve que l'adjonction récente d'un Comptoir d'exportation » au comptoir dejà existant sur le marché français.

(4) Voir : plaidoirie de M. Méline, rapportée par F. Laur, t. IV, p. 435. Voir aussi : *Concurrence déloyale et Accaparement*, par Savatier.

(5) Le comptoir de Longwy a mis dix années à se former, de 67 à 77. La société des Ciments français de Boulogne-sur-mer a mis cinquante ans. La société anonyme *Le Plâtre* a mis quatorze ans, etc

des avantages jugés par lui plus considérables que ceux qu'il veut bien abandonner. Il sera le plus souvent nécessaire à la base de tous ces pourparlers, de faire abstraction de certains intérêts particuliers au profit d'un intérêt plus grand de la collectivité. Mais la plus entière bonne foi sera ici indispensable pour éviter les écueils semés par les sentiments de lucre et de jalousie dans le cœur de tout homme (1). Il faudra donc une adhésion loyale et sans arrière-pensée à toutes les clauses de la convention; d'autant que l'esprit français répugne à juste titre au « caporalisme » étroit pratiqué dans les Kartells allemands. Les fraudes n'en seraient, par conséquent, que plus faciles pour ceux qui voudraient s'y livrer; elles risqueraient de décourager les autres signataires, de semer entre eux la discorde et d'empêcher à jamais tout espoir d'union. Quant aux sanctions pénales prévues par la convention, il faut reconnaître que, dans bien des cas, elles seraient impuissantes si elles se heurtaient à un mauvais vouloir raisonné et systématique (2).

Pour recueillir des adhésions à toute épreuve, il faudra donc que chaque industriel ait la sensation bien nette de faire « une bonne affaire »; aussi les intérêts particuliers à sacrifier ne devront-ils pas être trop considérables, pour pouvoir être amplement compensés par des avantages généraux importants et facilement escomptables. L'histoire industrielle nous montre du reste que c'est le plus souvent poussés par la nécessité que les producteurs arrivent à s'entendre ; c'est donc à la suite d'une crise plus ou moins longue, plus ou moins funeste, plus ou moins généralisée suivant les cas, que le besoin de l'union se fera impérieusement sentir et que l'on aura, par conséquent, les plus grandes chances d'aboutir.

Ce double travail d'évaluation des risques et de compréhension de la nécessité présente ne peut se faire que progressivement, et la durée de la période de transition sera variable suivant la mentalité, le caractère et les tendances des futurs unionistes. Cela nous représente, en raccourci, l'image de la société elle-même qui, sortant de l'état de nature, a jugé nécessaire d'aliéner, pour le plus grand bien de la collectivité, des parcelles sans cesse grandissantes de libertés individuelles; de ces sacrifices particuliers et des accords tacites qui en

(1) On pourra lire avec intérêt dans les *Essais* de David Hume des pages vécues sur la jalousie commerciale et ses conséquences.

(2) Plus l'union est étroite moins il y a de chances de fraudes; le trust limité les écarte pratiquement; les comptoirs et kartells parviennent à les réprimer. Les autres formes d'entente rencontrent plus de difficultés pratiques pour ne pas tomber dans un système de contrôle vexatoire et tracassier. Ici il faudra se fier surtout à la bonne foi des contractants.

résultaient sont nées nos lois et leurs sanctions. Et il est curieux de constater que plus la civilisation se perfectionne, plus se multiplient les entraves apportées à l'indépendance de l'individu au profit de la société qui, en échange, lui procure de nombreux avantages. Telle paraît donc bien être la loi du progrès, et c'est de cette vérité que devraient se bien pénétrer les industriels et les producteurs français; s'il leur faut des exemples et des encouragements, les uns et les autres seront faciles à trouver dans les ententes déjà existantes et dont les adhérents n'ont qu'à se féliciter. En regard de la voie à suivre, l'histoire de la concentration industrielle leur montrera aussi l'écueil à éviter, par le récit du duel à mort que, faute de s'entendre, se livrent à l'heure présente les deux grands dépositaires de l'acide borique: cette industrie est, pour le moment, complètement paralysée, de telle sorte que tous ceux qui touchent à ces produits y perdent de l'argent, qu'on les appelle fabricants, négociants ou détaillants. Que ceux qui veulent s'entendre n'attendent pas que la crise devienne irrémédiable; et que, pour la sauvegarde de certains intérêts particuliers souvent mal compris, ils ne sèment point autour d'eux des ruines irréparables au milieu desquelles l'industrie en question risquerait elle-même de sombrer (1).

*
* *

Mais que l'on n'aille pas croire qu'en préconisant les ententes, nous fassions ici campagne en faveur du monopole; car c'est au contraire contre lui que nous luttons en encourageant exclusivement les accords conformes aux principes juridiques que nous venons de préciser plus haut. L'histoire nous apprend, en effet, qu'au début de chaque crise industrielle, il est une période, plus ou moins longue suivant les cas, où, au prix de quelques libertés minimes sacrifiées, l'autonomie de chaque concurrent peut être conservée; passé ce délai, la lutte à outrance par l'avilissement des prix et par tous les moyens, reprend avec toute son âpreté et toute sa violence, lutte sans merci, véritable « assassinat commercial », comme la qualifiait si bien Herbert Spencer, où le plus puissant aura nécessairement la victoire; alors apparaîtra le véritable monopole édifié sur les ruines encore fumantes des

(1) Plusieurs grandes industries françaises traversent à l'heure présente des crises redoutables dues à la surproduction, à l'avilissement des prix, aux procédés blamables d'une concurrence sans merci. (V.g. Industrie de l'automobile, Industrie brassicole de l'Est et du Nord de la France). Des ententes sagement élaborées entre producteurs pourraient à coup sûr par une réglementation raisonnable et équitable pour chacun améliorer la situation présente et éviter peut-être bien des ruines.

adversaires désemparés. Mais ce succès aura été acheté plus ou moins cher suivant la résistance des concurrents et le vainqueur mettra parfois bien des années à se remettre de ses triomphes : c'èst le consommateur qui, en dernière analyse, paiera tous les frais de la guerre. C'est donc bien pour prévenir tous ces abus autant que pour assurer la réussite finale des différentes branches de l'industrie française, que nous conseillons ici les ententes. Les producteurs et les industriels y trouveront encore cet autre avantage d'y être suffisamment armés et unis dans la grande lutte qu'un jour ou l'autre le patronat aura à soutenir dans les phases les plus aigues de la crise ouvrière (1).

ROBERT BOISSEL,
Avocat à la cour de Paris,
Diplomé de l'Ecole libre des Sciences Morales et Politiques.

---

(1) Il est intéressant de constater ici les grands avantages que peuvent présenter les ententes entre producteurs dans la résolution des conflits éventuels entre patrons et ouvriers. Ils ne sont d'ailleurs que la conséquence directe du double résultat obtenu : diminution des frais généraux de l'entreprise, cohésion plus grande entre les différents éléments dirigeants qui auront appris à se connaître et à s'apprécier.

Nous pouvons dès maintenant en tirer certaines applications :

Une partie de l'argent ainsi économisé pourra fort bien être employée à améliorer le sort de l'ouvrier, à augmenter les salaires, à fonder des œuvres d'éducation et de relèvement morales, des sociétés de secours mutuels, des organisations mixtes où les patrons et les ouvriers entrant en contact n'auront plus de prévention les uns contre les autres. Tout un ordre d'idées qui, largement exploité, ne peut que produire les résultats les meilleurs et apaiser même bien des conflits naissants.

Si au contraire le patronat se trouve en présence d'irréductibles, si un choc violent doit nécessairement s'en suivre, l'industrie française trouvera dans les unions sa sauvegarde, car les patrons pourront dès lors envisager sans trop de craintes toutes les éventualités. Ils auront enfin la cohésion suffisante quand, jugeant leur industrie en péril, ils voudront opposer le lock out à la grève ou au sabotage ; et d'autre part, grâce à un système ingénieux d'assurance mutuelle, ils pourront attendre les événements sans redouter de voir leur industrie et eux-mêmes englobés dans une ruine commune.

www.ingramcontent.com/pod-product-compliance
Ingram Content Group UK Ltd.
Pitfield, Milton Keynes, MK11 3LW, UK
UKHW021020220726
13924UKWH00001B/85